안홍식 시집 2

멈춰 선 시간

三知院

멈춰 선 시간

초판발행	2025년 5월 8일
지은이	안홍식
펴낸이	고성익

펴낸곳 　三 知 院
　　　　서울특별시 광진구 아차산로 335 삼영빌딩
　　　　등록 1978년 6월 2일 제2013-22호

전 화	02)737-1052
fax	02)739-2386
ISBN	978-89-7490-032-8-03810

copyright© 안홍식, 2025, Printed in Korea

* 저자와 협의하여 인지첩부를 생략합니다.

정 가　　12,000원

시작(詩作) 노트

   첫 시집을 출간하고 4년이 지났다. 이제 시는 내 삶의 일부가 되었다.
   만물은 우주에서 와 우리 곁에 잠시 머물다 떠난다. 우주는 영혼의 샘이며 저수지. 시골에 살며 보석을 캐는 심정으로 시를 썼다. 물론 내 시는 나이 든 사람의 시다. 내가 젊은 세대의 언어와 감정으로 시를 쓸 수도 없겠지만 또 그렇게 쓰려고 해서도 안 된다. 오히려 시를 통해 세대간 감정과 시선의 교류가 조금이나마 넓어지길 바라는 마음이다.
   가족과 친지들이 곁을 떠나면서 사랑과 이별 삶과 죽음은 시가 되었다. 좋아하는 꽃과 새, 여행과 음악, 홀로 다섯 아들을 키우며 희생하신 어머니, 30대 초 젊은 나이에 전쟁과 이념의 소용돌이 속에서 세상을 떠난 아버지, 손주를 보며 느낀 동심의 세계도 시가 되었다.
   시의 원형(原形)은 모두 우주에 박혀있다. 그것을 찾아내 감정이 이끄는 대로 읽히는 시를 쓰는 작업을 계속할 것이다.

2025년 5월
心齋 안홍식

제1부
사랑과 이별

1. 꿈같은 날이 갔으나   13
2. 당신의 숨결   14
3. 시린 사랑   15
4. 하늘과 꽃   16
5. 소쩍새   17
6. 특별한 동거(同居)   18
7. 재인폭포(才人瀑布)   19
8. 몽돌 해변   20
9. 잊을 수 없다면   21
10. 아직 우리 사랑은   22
11. 달빛   23
12. 작별(作別)   24

제2부

삶과 죽음

1. 귀향(歸鄕) — 27
2. 고인돌 — 28
3. 절정(絶頂) — 29
4. 혈전(血戰) — 30
5. 인생시(詩) — 31
6. 잡초와 예초기(刈草機) — 32
7. 비가(悲歌) — 33
8. 상군(上軍)의 바다 — 34
9. 채식주의자의 초대(招待) — 36
10. 그날 — 37
11. 돌고 돌아서 온 길 — 38
12. 욕망의 종말(終末) — 39

제3부
자연

1. 쪽파 43
2. 겨울 나비 44
3. 바람이고 싶다 46
4. 개여뀌를 위한 변호(辯護) 47
5. 하지(夏至)감자 도전기 48
6. 열두 가지 가을 소리 50
7. 춘망(春望) 51
8. 고구마의 일생 52
9. 덕유산(德裕山) 53
10. 마가목의 사계(四季) 54
11. 그런 까닭은 55
12. 수세미와의 대화 56

제4부
생활 시

1. 멈춰 선 시간1 — 59
2. 멈춰 선 시간2 — 60
3. 교토의 춘설(春雪) — 62
4. 메밀꽃 필 무렵 — 63
5. 시(詩)에 관해 물으시니 — 64
6. 월광(月光) — 65
7. 늙은 세상에서의 젊은 생(生) — 66
8. 여행의 의미(意味) — 68
9. 샤갈이 좋아집니다 — 70
10. 재클린의 눈물 — 71
11. 하얼빈의 영웅(英雄) — 72
12. 러브 레터 — 73

제5부
가족

1. 이밥   77
2. 강과 바다   78
3. 눈물   79
4. 춘천(春川)에 돌아와   80
5. 늙는 산(山)   81
6. 가슴으로 부른 이름   82
7. 아버지 집   84
8. 한가위 단상(斷想)   85
9. 시간 여행(時間 旅行)   86
10. 허풍(虛風)   87
11. 셋째 형   88

제6부

동시

1. 엄마랑 아기   91
2. 아기와 단풍   92
3. 왜 그런지   93
4. 늦은 이유   94
5. 감(枾)   95
6. 밤(栗)   96
7. 루이와의 이별   97
8. 따라쟁이   98
9. 수녀와 단풍   99
10. 독립 선언   100
11. 동시(童詩)의 샘   101

1부

사랑과 이별

1. 꿈같은 날이 갔으나
2. 당신의 숨결
3. 시린 사랑
4. 하늘과 꽃
5. 소쩍새
6. 특별한 동거(同居)
7. 재인폭포(才人瀑布)
8. 몽돌 해변
9. 잊을 수 없다면
10. 아직 우리 사랑은
11. 달빛
12. 작별(作別)

꿈같은 날이 갔으나

향기를 내뿜던
콩카도르 백합이 진다
젊어 품었던 꿈
일상의 잔해와 함께
진공청소기에 빨려 들어갔네
한여름 장마 끝
매미는 목청껏 우는데
날 보고 우는 것만 같네

요즘은
네 꿈인지 내 꿈인지
꿈속에서 너를 본다
넌 네가 살아있다고 생각할 지도
난 어쩌면
내가 죽었을 지도 모른다고 생각했어
우리 모두 맞거나 틀렸을 수도
그렇다고 달라질 건 없겠지

꿈같은 날이 갔으나
사랑은 남아있으니까

당신의 숨결

한밤중 몰래 찾아온 눈
당신 떠난 빈 뜰
살포시 채워주고 있네요

소복소복 쌓이는 눈
잠 못 이루는 아린 가슴
푸근히 감싸줍니다

옥외등 등불 아래
사락사락 내리는 눈
당신의 숨결인가요

시린 사랑

열린 대문 안
활짝 웃는 수선화
누구도 아닌
나를 보고 웃더라

목련 가지 끝
홀로 우는 비둘기
누구도 아닌
나를 보고 울더라

부르면 사라질까
아끼던 사랑
그날처럼 가슴에
남아 있구나

하늘과 꽃

그 사람
보내고 온 날
하늘은 아득한데
꽃은 하늘을 보고 있구나

꽃은 왜 그리 쓸쓸하고
하늘은 멀기만 한지
쓸쓸한 꽃이 나라면
먼 하늘은 그 사람인 듯

나 이제
종일 햇빛 쏟아지고
달빛 흐르는 뜰에
사랑의 꽃을 심으리라

하늘은 비를 뿌리고
꽃은 철철이 피리니
땅에서 맺은 사랑
하늘까지 이어지리라

소쩍새

이른 봄부터
밤마다 찾아와
솟쩍 솟쩍* 우는 새야
연유(緣由)를 묻는다

잠 못드는 날 위해
우는 거라면
이제 더이상 울지 마
그렇게 울지 마

내 아픈 마음은
네가 달래주기엔
너무나 크고
또 깊단다

* 봄에 소쩍새가 솟쩍 솟쩍 하고 울면 흉년이 든다는 전설이 있다

특별한 동거(同居)

침실 한편에 놓아둔
웃는 사진 말고
내 일상은 변하지 않았다
긴 여행을 떠난 사람
기다리는 심정이랄까

사랑하는 사람을 보내고
실의(失意)를 딛고 사는 지혜는
전과 다름없이 지내는 것
봄에 꽃을 가꾸고
가을에 알밤을 줍는 일도 같다
할 일이 있으면 대화하며 한다
청소기 좀 돌려줘요 하면
청소기를 들고 있고
점심은 국수로 하지 하면서
육수 내고 면(麵)을 삶는다

곧 다시 만날 사람
짧은 눈인사 후(後)
잠자리에 든다

재인폭포(才人瀑布)

사랑은
풀처럼 베어졌으나
정절(貞節)은
칼끝보다 예리하다

곧은 물줄기
별처럼 쏟아져 내릴 때
허공에 펼친 무명 자락
뜨거운 피로 적셨네
목숨과 바꾼 사랑
초록빛 소(沼)를 채우고
갚지 못한 원한(怨恨)
주상절리(柱狀節理)에 새겼네

더운 육신은 스러졌지만
차가운 영혼은 임 따라
하늘로 갔구나

* 재인폭포(才人瀑布) : 경기도 연천군 고문리 소재.
  줄타기꾼 재인과 아내의 한 맺힌 전설이 전해진다

몽돌 해변

영겁(永劫)의 세월
대양을 건너온 파도여!
산산이 부서진 바위여!
또 한 번의 영겁
파도를 끌어안고 구르며
환생(還生)한 검은 돌이여!
파도와 몽돌이 들려주는
천상의 마림바*
잘박잘박 차르륵 차르르
나는 몽돌과 하나가 된다

철썩철썩
부서지는 파도여!
임 그려 우는 이 몸도 부수어다오
몽돌 되어 영겁을 울어대면
저들의 사랑도
또 우리 사랑도
언젠가
어느 별에서 다시 맺어질 테죠

* 마림바 : 아프리카에서 기원한 유율(有律) 타악기

잊을 수 없다면

어느 날
당신이 떠나고 나면
스며든 어둠이
당신의 흔적을 삼키고
불어오는 바람이
남아있는 체취를 훑어가겠지
나는 나대로
당신을 보내주고
일상으로 돌아가려 애쓸 테지만
그래도
새겨진 사랑이 깊어
잊을 수 없다면
보낼 수 없다면
어쩌겠어
품고 살아야겠지

아직 우리 사랑은

이제 막
시작된 우리 사랑
결실까지는 먼 길
서로를 향한 사랑이
진실하다 해도
아직 연약한 꽃봉오리
탐스런 꽃을 피우려면
풀어야 할 것도 많고
시간도 필요하답니다

사랑은
레시피가 있는 요리(料理)
연인들은 공동 쉐프랍니다
내가 그대 안에서
그대가 내 안에서
푹 익어 맛을 낼 때까지는
서로가 품고 있는 사랑을
다 알 수도
다 누릴 수도 없답니다

달빛

땅거미가 깔리자
살아있는 것은
모두 집으로 돌아가고
달빛만 남았네

아궁이 불 지필 때
부엌까지 따라온 달빛
외로움에 시린 등
덥혀 주었네

하얀 구름과
숨바꼭질하는 달빛
내 임 얼굴
보였다 말았다 하네

작별(作別)

형제들이 보고 싶다는 그
우리 모두 작별을 예감했다
수척한 그
미소 띤 얼굴로
마음이 편하다고 했다

새벽 전화벨이 울리고
공포(恐怖)가 밀려드는데
동생을 떠나보낸 아내
흐느낌은 통곡이 됐다

우주에서의 머묾에 비(比)하면
찰나(刹那)에 불과한 생(生)
삶과 죽음을 가른
사흘 의식(儀式)
남은 자들의 시간이기도 했다

2부

삶과 죽음

1. 귀향(歸鄉)
2. 고인돌
3. 절정(絶頂)
4. 혈전(血戰)
5. 인생시(詩)
6. 잡초와 예초기(刈草機)
7. 비가(悲歌)
8. 상군(上軍)*의 바다
9. 채식주의자의 초대(招待)
10. 그날
11. 돌고 돌아서 온 길
12. 욕망의 종말(終末)

귀향(歸鄕)

한몸 이루고
평생 함께한 우리
인사도 못하고 헤어졌다

그는 눈물에 떠밀려 산으로 갔고
나는 바람 타고 하늘로 갔다
점점 멀어지자
둘의 연(緣)도 끊어졌다
그는 차가운 흙속에 잠들고
나는 바람에 티끌까지 씻었다
생사의 경계를 넘어서며
마주한 본래 자기(自己)
이리도 맑고 고왔던가
죽음이 삶과 다를 게 없구나

내가 길을 되짚으며
고향으로 돌아가는 그시간
우주에는
무수한 생명이 태어났다

고인돌

용사의 삶이 끝났다
그의 창은 들소보다 빠르고
포효(咆哮)는 산야를 흔들었다
횃불은 밤새 타오르고
슬픔을 같이 하려느냐
짐승마저 울부짖고 있구나

한 줄 문자가 없어
조상의 언덕
기억의 장(場)에 누였다
하늘이여 이 영혼 받으소서
껍데기만 남은 육신이지만
기억은 남기렵니다

바위를 끌어 올려라
덮개 바위야
이후로 아무 것도 묻지 말고
아무 말도 하지 말라
다만 수천 년 세월 동안
망자(亡者)의 위엄을
오늘로 전해다오

절정(絕頂)

붉게 물드는 사막(沙漠)의 밤
별과 바람의 세계
시간도 멈춰 세운 침묵(沈默)
생각의 문(門)도 닫혔다
사막의 밤은 낮과
색깔만 다른 복제품
파랗다 못해 까만 하늘
노랗게 빛나는 별은
영혼이 보내는 신호(信號)
마른 덤불
모래 언덕을 구르며
떠난 영혼을 찾아 헤맨다
모래 속에 묻힌 채
죽은 듯 살아있는
박제(剝製)된 생명이여!
언젠간 쏟아질
폭우 한 번을 기다린다
절정의 순간마저 없다면
사랑은 이별과
삶은 죽음과
무엇이 어떻게 다르랴

혈전(血戰)

가을 야구(野球)가 시작됐다
저녁은 먹는 둥 마는 둥
얼굴이 TV 속으로 들어간다
이럴 때 방해하는 놈은
그게 무엇이든 용서할 수 없다

2사(死) 만루 풀카운트
초긴장 상태
소름 끼치는 소리
귓가에서 앵앵!
쪼끄맣지만 새까만 훼방꾼
이놈이 어떻게 들어왔나
앗! 손을 물리고 말았다
인내심을 시험하는 놈
선처는 없다
놈이 던지는 유인구(誘引球)
속을 내가 아니다
귀 열고 숨죽여 기다리다
홈런 때려내듯 딱!
공방전(攻防戰)은 혈전으로 끝났다

인생시(詩)

내가 어른이 되니
어머니는 노인이 되어있고
아이들이 어른이 되니
내가 노인이 되어있네

기억 속에 담아두었던 날들
어쩌지 못하고 묻어 버렸네

사랑과 이별의 시종(始終)은
알 것도 같은데
생사(生死)의 시작과 끝은
아직 알 길이 없구나

잡초와 예초기(刈草機)

밟으면 일어나는
내 이름 잡초(雜草)

헉! 새로운 놈이 왔다고
무서운 금속성 소리
빠르기는 또 어떻고
장마가 끝나는 대로
입대하는 아들 머리 깎듯
밀어 버릴 태세지만

자르면 돋아나는
내 생(生)에
굴복(屈服)이란 없다

비가(悲歌)

생(生)의 끄트머리
보이는 것이라곤
강렬한 파란 불꽃
영혼이 떠난 몸
심장이 붉게 터진다
잿빛 잔해(殘骸)를 남기고
하얀 연기(煙氣)와 함께
세상과 하직(下直)한 나

내가 사랑한 것들은
그대로 남아있는데
내 자리만 치워진 채
세상은 아무 일 없었다는 듯
전처럼 굴러가겠지

기억은 남은 자의 권리
때로 기억해 주겠지만
결국 잊히고 말 걸
내 흔적(痕跡)일랑 지우고
잿빛 잔해는
바다에 뿌려다오

상군(上軍)*의 바다

밤새 고요하던 바당*
낌새를 차렸는지 출렁댄다
붉은 해야
주저 말고 올라오렴
붉은빛 띠던 새벽
이내 아침에 자리를 내준다
꽉꽉한 모자반숲 속
햇살이 들어가고
수줍은 듯 드러나는 속살
엿바위에 붙은 메역*
햇빛 향해 곧추선 채
상군(上軍)의 입수(入水)를 재촉한다
물질은 평생 업(業)
물때와 날씨 따라 살아온
좀녀(潛女)의 지난한 세월
호맹이* 든 채
테왁*을 끌어안으면
어른거리던 어린 눈망울
이젠 물 밖보다
물속이 더 편하다

들숨 깊게 하고
돌문어 전복 해삼아!
네 얼굴 좀 보자
꽉찬 망사리*를 꿈꾸지만
점점 데워지는 제주 바다
상군의 시름이 깊어진다

* 상군(上軍) : 숨을 오래 참을 수 있고 물질에 능숙한 해녀
* 바당 : 바다
* 메역 : 미역
* 호맹이 : 호미
* 테왁 : 두렁박
* 망사리 : 그물망

채식주의자의 초대(招待)

죽음은 소멸이 아니라
왔던 곳으로 돌아가는
자연스러운 과정
삶과 죽음이 단절없이
순환(循環)하는 세상
우리 바람입니다

시장 매대(賣臺) 위
가지런히 놓인 원치 않은 주검
옆에 올려놓은 가격표
그걸 마주해야 하는
불편한 일상(日常)
우리가 벗어나고 싶은
세상입니다

우주와 합일(合一)하는 식탁에
귀하를 초대합니다

2025. 3. 28 저녁 6시
산야촌(뒷면 약도 참조)

그날

살아있는 것은
그날이 오면 떠납니다

그날은
도둑같이 오기도 하고
손짓하며 오기도 합니다

그날이
빨리 오건 늦게 오건
뭐가 다를까요

누군가에게
그날이 될 오늘
나의 그날일지도 모르죠

돌고 돌아서 온 길

사람 사는 세상 꿈꾸다
헛된 욕망에 사로잡혀
마땅히 가야할 길을 잃고
돌고 돌며 허비한
방황(彷徨)의 세월

종착지가 정해지고
모든 걸 내려놓으며 걸어도
먼저 간 사랑
두고 갈 사랑은
끝내 어쩌지 못했다

답(答)은 이미
마음 속 깊이 있건만
끄집어내지 못하고
누군들 돌고 돌아서
오지 않았으랴

욕망의 종말(終末)

무엇이든
다른 무엇이 되고 싶다

잘 자란 나무는
멋진 가구(家具)가 되고 싶고
구릉의 농(濃) 익은 포도는
최고의 와인이 되고 싶다
햇볕에 바짝 마른 벽돌조차
집 한쪽 벽에 박히길 원한다

무엇이 되고 싶은 것은
사람도 마찬가지
그러나 사람은
원하는 무엇이 되고 나면
더 나은 무엇이 되고 싶은
욕망의 화신(化身)

왜 모르나요
욕망의 종말은
결핍(缺乏)의 고통뿐인걸

3부

자연

1. 쪽파
2. 겨울 나비
3. 바람이고 싶다
4. 개여뀌를 위한 변호(辯護)
5. 하지(夏至)감자 도전기
6. 열두 가지 가을 소리
7. 춘망(春望)
8. 고구마의 일생
9. 덕유산(德裕山)
10. 마가목의 사계(四季)
11. 그런 까닭은
12. 수제미와의 대화

쪽파

이웃이 준 종구(種球)
텃밭이 해질 만치
들여다본다

아기 손톱만 한 싹
반짝거리며 줄지어 선
그 아침의 감동

어느새 쪽파밭은
초록빛 분수(噴水) 쇼를
힘차게 펼치고 있다

겨울 나비

아이 추워
얼른 바위 밑으로 들어와
여긴 덜 추워
우린 왜 이렇게 늦게
어른 나비가 된 거야
운명인 걸 어쩌겠어
한기(寒氣)가 파고드네
이러다 얼어 죽겠어
숨죽여 동면(冬眠)하면
기적(奇蹟)이 일어난데

가사(假死) 상태 얼음덩이
떠났던 영혼이 돌아오고
더듬이를 스치는 봄 기운
살아있음에 바르르 떤다
잘난척 하는 호랑나비
범나비야 내 꽃밭에 오지마라
박각시나방도 용서 못한다
따스한 봄날
너울너울 춤추며 만난 사랑
분신(分身)을 소복이 남긴다

아! 홀가분해라
이제 떠날 시간이야

영혼이 떠난 몸
덤불 속에 파르르 눕히고
몸을 벗은 갸륵한 영혼
별이 보내는 신호 따라
고향으로 돌아간다

바람이고 싶다

강은 반짝이면 그만이고
산은 서있으면 그만인데
바람은 자유로운 영혼
강처럼 맑게
산처럼 과묵하게 살라지만
나는 바람이고 싶다

뜨거운 모래바람 되어
시간도 멈춰 버린 마다가스카르
바오바브나무 꽃에 입맞추고
살을 에는 칼바람 되어
얼음 바다 북극에서 거구(巨軀)의
대왕고래를 만나고 싶다

샛바람에서 하늬바람으로
동(東)에서 서(西)로
마음 가는 대로 떠돌다
지치고 그리우면
고향으로 돌아가는
마파람이고 싶다

개여뀌를 위한 변호(辯護)

하찮은 풀이라지만
몇이나
장미처럼 살까요

장마철
잡초와의 싸움을 이겨내고
초가을 볕 아래
한 뼘 흙이라도 움켜쥐고
서로 몸을 얽으며
세워 가는 제국(帝國)
대단치 않나요
언젠간
예초기의 날을 맞을지언정
기다란 꽃차례로
허공(虛空)을 찔러대는 돈키호테

개여뀌의 치열한 삶에도
눈길 한 번 주세요

* 개여뀌 : 마디풀과의 한해살이풀

하지(夏至)감자 도전기

감잣값이 금값
올해는 부지런을 떨어보자
적당한 크기 감자를 골라
말로만 듣던 산광최아(散光催芽)*
씨감자 만들기 돌입

비 온 뒤 땅이 풀렸다
흙 뒤집고 퇴비 투척
이랑은 좀 넓게
물 빠짐은 좋게
두둑도 충분히 높였다

씨감자 싹이
손톱 한 마디 정도 나오고
퇴비도 완숙되었겠다
옳거니 계획대로 착착
소독한 칼로 적당히 나누어
절단 부위가 아물도록 기다린 후
콧노래 부르며
텃밭에 깊지 않게 심는다

장마 전 하지(夏至)쯤
줄줄이 엮여 나올
알감자를 상상하며
북* 한 번 칠 때마다 기분이 업
사 먹으면 되는 걸
핀잔주는 아내 콧대
이번엔 꼭 꺾어줘야지

* 산광최아(散光催芽) : 기간 단축을 위해 흩어지는 빛(밝은 그늘)에서
       싹을 틔우는 것

* 북 : 식물의 뿌리를 싸고 있는 흙

열두 가지 가을 소리

붙잡아 둘 수 없어
마음에 담아 둔
가을 소리

딱 또르르 양철 지붕 알밤 구르는 소리
투둑투둑 익은 감 떨어져 터지는 소리
사각사각 벼 이삭 익는 소리
햇볕 아래 새끼 고양이 옹알이
돌담 곁 찌르륵찌르륵 풀벌레 소리
붕 붕붕 마지막 꿀 따는 꿀벌의 날갯짓
갈바람에 벚나무 사르르 옷 벗는 소리
화살나무 화려하게 물드는 소리
한 무더기 국화꽃 향기 내뿜는 소리
할아버지 집에 온 아이들 뜀박질
이웃집 추석 차례상 차리는 소리
흰 수건 쓴 엄마 김장하는 소리

마음을 열고
다시 들어봐도
정겨운 가을입니다

춘망(春望)

새벽을 깨운 빗소리
어찌나 반가운지
아침까지 비가 내립니다
뜰을 적시고
가슴도 적시며
제법 많이 내립니다
기다리던 봄이
이제 오시는가 봅니다
뛰쳐나가 헤쳐본 수선화 밭
땅속은 이미 봄기운이 들었습니다
아기 손톱만 한 새순들
뾰족한 입술 내밀며
키 자랑이 한창입니다
가는 겨울이 용쓴들
오는 봄에 홀랑 뺏긴 마음
어떻게 돌릴 수 있겠어요

고구마의 일생

두둑에 푹 찌른 순
따스한 볕에
날이 밝은 줄 알고
스며든 비에
계절이 바뀐 줄 알았네
줄기는 여름 나물로 싹뚝 잘려
냉큼 밥상에 올라앉았네
땅속 열기 꺼져갈 때
밖으로 엮여 나와
올려다 본 하늘에 눈멀고
서늘한 바람에 얼빠졌네
어둔 뒷방 박스 속
나갈 차례 기다리는 신세
호랑나비 날갯짓
일곱 빛깔 무지개
놓치고 말았지만
한겨울 질화로 속
할아버지 옛이야기는
실컷 들었다네

덕유산(德裕山)

젊어
친구들과 올라
야영했던 산(山)
곤돌라에 의지했네

친구여!
그땐 놓쳤던 것들
천년 향기 쌓아 가는
주목(朱木)의 끈질긴 숨결이
혼을 부르며 고목(古木)을 넘나드는
작은 새들의 날랜 몸짓이
향적봉(香積峰) 아래 넘실대는
검은 산의 어진 물결이
덕유평전에서 부르짖는
산철쭉의 격한 함성(喊聲)이

비로소
보이고
또렷이 들렸다네

마가목의 사계(四季)

하얀 뭉치꽃 송송
나무를 덮고
붕~붕 몰려든 꿀벌
잔치 벌였네

촘촘한 잎 사이로
총총한 하늘
짝 잃은 멧비둘기
구~구 우는데

알알이 맺힌 열매
붉게 물들면
따라 단풍 든 마음
활~활 타누나

마른 가지 누르며
펄~펄 오는 눈
살금살금 오는 봄
아직이라네

그런 까닭은

일 년 열두 달
꽃밭에 진심인 당신

눈 속 매화가
감동을 주는 까닭은
생명의 경이로움 때문이고
흐드러지게 핀 벚꽃이
짧게 머문 까닭은
영혼이 자유롭기 때문이라고
한여름 능소화(凌霄花)가
무성하게 뻗는 까닭은
닥칠 고난을 알기 때문이고
가녀린 코스모스가
흔들리며 피는 까닭은
헤어짐이 아쉽기 때문이라고
내게 말했죠

당신의 일 년 365일이
행복한 까닭은
품고 있는 사랑이
진실하기 때문입니다

수세미와의 대화

오르기만 하는
너의 하늘길
멈춤이란 없는 거야
멈춤은 곧 죽음이야

감나무 감아쥔 손
엄청 매운데
숨통을 조이는 건 아니지
바람 탓이라니까

노랑 꽃 작아 예쁜데
누구 주려고
엄마 머리에
꽂아 드릴 거야

감나무 끝 매달린 너
흔들거려 안쓰럽구나
혼탁한 세상
내려갈 맘 없어

4부

생활 시

1. 멈춰 선 시간1
2. 멈춰 선 시간2
3. 교토의 춘설(春雪)
4. 메밀꽃 필 무렵
5. 시(詩)에 관해 물으시니
6. 월광(月光)
7. 늙은 세상에서의 젊은 생(生)
8. 여행의 의미(意味)
9. 샤갈이 좋아집니다
10. 재클린의 눈물
11. 하얼빈의 영웅(英雄)
12. 러브 레터

멈춰 선 시간1

말방울 소리 찰랑대며
마차는 과거로 들어가고
마법에 걸린 시간은 거꾸로 간다
지나는 길목마다 퍼즐 맞추듯
무너진 불탑들이 일어서고
몽환(夢幻) 속 드러나는 영화(榮華)
아! 아난다 사원이여
깊숙이 들어온 햇빛 놓지 마라
미얀마의 젖줄 이라와디강이여!
내려앉은 달빛 흘려보내지 마라

사랑하는 사람을 위해
평생 불탑 하나 바치려 했던
이름 모를 불심(佛心)
천 년을 이어온 아침 공양(供養)
과거는 잊는 게 아니라며
보내지 못한 사랑 앞에 결국
멈춰 선 시간
아! 천년 고도(古都) 파간*
천년이 고작 하룻밤이라 하네

* 파간 : 미얀마 파간 왕조의 고도. 일만여 사원과 불탑의 불교 성지

멈춰 선 시간2

음악과 접신한 그는 천재다
리스트 12개의 초절기교 연습곡*을
저 세상 곡으로 펼쳐 보였다

1곡부터 3곡까지
피아노와 호흡을 맞추다
기교를 요하는 4곡 마제파에서
힘과 스피드로 피아노를 제압한 청년
초난곡이라는 5곡 도깨비불에서
청중의 넋 홀랑 빼놓고
6곡 환상을 보여준다
7곡 영웅이 되고 싶은 피아니스트
피아노로 오케스트라 연주를 끌어내고
8곡 사냥을 떠난 피아노
사슴처럼 새처럼 날아가고
불 꺼진 객석 숨마저 멈춘다
9곡 회상에 잠긴 고독한 승부사
조명은 날아가는 손가락만 비추고
아! 아!
리스트의 재현인가

10곡 열정에 미쳐버린 영혼
더이상 두려움이 없다
11곡 저녁의 선율에 이르러
연주자와 한 영혼이 된 피아노
현실로 돌아가고 싶지 않은 청중
끝내 눈물을 보인다
마지막 12곡 눈보라
레카토에 이어 트레몰로 날리며
작별하는 피날레

영혼까지 털어버린
멈춰 선 시간 66분
땀범벅이 육신만
무대에 남았다

* 2022년 제16회 반 클라이번 콩쿠르에서 우승한 임윤찬의 준결선 곡

교토의 춘설(春雪)
- 지용*을 그리며

아침까지 눈이 내린다
어제 본 세상은 사라졌다
사람들은 별로 나오지 않고
도시는 텅 비었다

눈 내리는 벚나무 터널 속
분홍빛을 숨긴 하얀 꽃은
골목길을 종종걸음치던
게이샤 얼굴
오랜 타향살이
도시샤(同志社) 가는 길
세상은 온통
하얀 단색화 한 장

째각대는 심장을
우주의 박동수에 맞추면
눈앞에 펼쳐지는 고향 강변
춘설이 벚꽃처럼 날린다

* 정지용(鄭芝溶, 1902-1950) : 시인, 도시샤대학 영문과 수학

메밀꽃 필 무렵

가을 봉평
달빛 언덕에 가본 적 있나요

별이 쏟아지는 밤
메밀 향에 취해 잠들고
산솔새 울음에 깨어나면
밤새 잔별이 내려앉은 듯
하얗게 핀 메밀꽃

개울에 비친 노란 달
손을 뻗으면 잡힐 듯한데
메밀밭 속으로 들어가니
소설 속 인물이라도 된 양
어깨가 들썩여집니다

샘이 난 단풍이
산 아래로
슬금슬금 내려옵니다

시(詩)에 관해 물으시니

우주(宇宙)가 낳은 것은 우주로 돌아가니
우주의 섭리를 노래하는 것이 시(詩)라고
사랑과 이별 삶과 죽음의 원형(原形)은
모두 우주에 박혀 있는데 광부의 심정으로
그것을 캐내는 것이 시작업(詩作業)이라고
불의(不義)와 타협하지 않고 고통을 견디며
고독과 함께하는 것이 시의 숙명(宿命)이라고
계절이 바뀔 때 설레고 언 땅을 밀고 올라오는
생명의 몸짓이 시의 시작점(始作點)이라고
자신을 한계 짓는 어떤 것과도 함께할 수 없는
시는 자유로운 영혼이라고

월광(月光)*

저녁 산책길
창(窓) 너머 피아노

아련한 달빛이 느리게 내려와
슬픔과 절망으로 채운 가슴을 헤치고
환상적으로 흘러간다
빨라지는 감정 그대로 누른 채
춤추던 피아노
프레스토 아지타토로 바뀌며
돌연 터지고 만다
왼손이 빠르게 날아가는 사이
오른손은 해머를 두 번씩 내려치며
영혼마저 털어가는 피날레

오늘 밤은
달빛 속에서라도
그 사람이 보고 싶다

* 월광(月光) : 베토벤 피아노 소나타 14번, C#단조, OP. 27-2

늙은 세상에서의 젊은 생(生)
- 에릭 사티*

해도 해도
분칠을 너무 했어
본래 모습대로 살 수는 없나

인간 본성에 충실한
간결하고 순수한 음악
독창적 세계를 펼쳤으나
당시에는 크게 환영받지 못했네
가난하고 고독한 삶
발라동*과 헤어진 후
죽기까지의 독거(獨居)

한 쪽짜리 악보를 840번 반복하라는
백사시옹(Vexations)
화성을 배제한 느린 반복
비통하고 장중하게 흐르는
짐노페디(Trois Gymnopedies)*
의문을 품고 반짝이며 연주하라는
그노시엔느(Gnossienne)
아이의 순수성이 가슴을 울린다

늙은 세상에서의
젊은 생(生)
앞선 자의 고독이 애잔하구나

* 에릭 사티(1886-1925) : 프랑스 작곡가
* 수잔 발라동(1865-1938) : 프랑스 화가
* 짐노페디아(Gymnopaedia) : 고대 스파르타 축제에서 나체의 젊은 남자들이 춘 합창 군무. 에릭 사티가 차용하여 '세 개의 짐노페디'를 작곡

여행의 의미(意味)

외지인은
들어가면 빠져나올 수 없다는
페즈 메디나의 미로(迷路)
천년 세월이 멈춰버린
9천 개 골목 속에서
여행자는 길도 시간도 잃었다
혼(魂)을 부르는 아라베스크 문양
우주의 색을 모두 담은
가죽 염색공장의 고단한 일상
시간에 맞춰 행해지는 기도(祈禱)
기다림의 음식 쿠스쿠스*
달라도 너무 다른 삶
그들을 이해하려면 또 한 번
천 년이 필요할지도 모른다

모로코 여행의 정점(頂點)은
붉은 도시 마라케시
태양은 종일 제마엘프나 광장*을 달구고
밤이면 펼쳐지는 불야성(不夜城)
양고기 타는 냄새와 연기(煙氣) 속으로
지친 하루가 사라지고 있다

별이 하얗게 쏟아지는
참으로 아름다운 밤이다
어떤 삶이 아름다운가
사막에 이르러서야
그들을 이해했다
하루하루를
사랑하며 사는 것이
영원보다 소중함을 알았다

* 쿠스쿠스 : 베르베르족의 전통 음식. 조리 시간이 긴 편이다

* 제마 엘프나 광장 : 마라케시의 장방형 광장.
　　　　　　　　　밤이면 천막 야시장이 장관을 이룬다

샤갈*이 좋아집니다

샤갈이 있는 카페
선홍색 드레스의 신부(新婦) 옆
첼로 켜는 염소가 있네요
어울릴 것 같지 않다고요
초월적 사랑을 꿈꾸는 신부
체화(體化)된 유대인(Jewish) 정서
꿈과 현실이 혼재(混在)된 무의식
샤갈 특유의 상상(想像)이
빼곡히 드러나는 색채 구성
사실 세상살이 자체가
외면하고 싶을만치 추하잖아요
우주 어딘가에 있을 순결한 사랑
돌아가고 싶은 어린 시절
성서(聖書)에서라도 찾고 싶은 꿈의 세계
꿈과 현실의 경계(境界)를 허무는
색채의 마술사
샤갈이 좋아집니다

* 샤갈(Marc Chagall, 1887-1985) 벨라루스 출신의 프랑스 화가

재클린의 눈물*

하늘이 내린 재능
절정의 순간 찾아드는 병마
더 이상 잡을 수 없는 활

느리고 애절하게
상한 마음 어루만지고
격정의 클라이맥스
터지는 슬픔

재클린 뒤 프레*
평생 사랑한 음악
그래 행복했노라고
가슴에 안겨 위로하는 첼로

* 재클린의 눈물 : 19세기 작곡자 오펜바흐 미발표곡. 재클린 뒤 프레를
  기려 명명
* 재클린 뒤 프레(1945-1987) : 영국 천재 첼리스트. 25세에 경화증 발병

하얼빈의 영웅(英雄)

그 아침은 알리라
가슴에 품은
단지(斷指)의 결의를
만주벌을 뒤흔든
총구의 열기(熱氣)를

하늘은 알리라
수괴를 향해 당긴
단죄 독립 평화의 총성
만방에 떨친 대한인의 자존(自尊)을
'코레아 우라*'

겨레는 알리라
위기에 빠진 조국에
목숨을 내어준
청년의 가없는 애국(愛國)을
'대한민국 만세'

* 코레아 우라 : 안중근 의사의 체포 당시 외침. '우라'는 만세

러브 레터*

잘 지내나요
난 잘 지내고 있어요
잘~ 지내나요~
난~ 잘~ 지내고 있어요~

임을 품은 산(山)
흰 눈 쓴 채 아득한데
눈밭 위 애절한 외침
가슴을 저립니다

보내지 못하고
가슴에 묻은 사랑
눈보라를 헤치고
메아리 되어 옵니다

* 러브레터 : 1995년 개봉 영화. 이와이 슌지(1963-) 감독,
  나카야마 미호(1970-2024) 주연

5부

가족

1. 이밥
2. 강과 바다
3. 눈물
4. 춘천(春川)에 돌아와
5. 눕는 산(山)
6. 가슴으로 부른 이름
7. 아버지 집
8. 한가위 단상(斷想)
9. 시간 여행
10. 허풍(虛風)
11. 셋째 형

이밥

부엌에서 풍기는
밥 짓는 냄새
그게 그렇게 좋았다
박박 쌀 씻는 소리
쓱쓱 조리질 소리
그게 그렇게 좋았다
얼른 와 밥 먹어라
허겁지겁 달려가 먹던 밥
따끈따끈한 이밥 한번
배 터지도록 먹어봤으면
원(願)이 없겠다 했다
생일이라고 특별히
엄마가 지어준 이밥
밥 위에 올린 달걀부침 한 장
후후 불며 먹던 그 맛

어머니!
지금은 늘 이밥을 먹지만
그 시절
그 맛이 아닙니다

강과 바다

반도의 허리 자르고
도도하게 폭을 넓히더니
노을 지는 바다에 이르러
상상도 못한 광대함에
부끄러워
슬그머니 품에 안긴다
돌아치던 청춘
한낱
거친 파도 위
위태로운 쪽배였구나
가없는 어버이 사랑
이제야 보인다

눈물

엄마가 놓고 간 반찬통
손 편지 들어있네
자식은 평생 AS라던
엄마 사랑해요

지난해 떠난 엄마
술 한 잔 올리니
날 본 듯 받으시오
참았던 눈물이 솟는다

이젠 안을 수 없는 엄마
눈물이 위로가 된다
젖어 드는 눈에
잠시나마 보이니까

춘천(春川)에 돌아와

임 홀로 두고
도망치듯 떠난 피란길
다시 돌아오지 않으리라
눈물 쏟으며 떠난 곳

눈 감고 귀 막고 입 다물고 산
지난(至難)한 세월
한 번은 다녀와야 하는 길
두려움이 앞선다

춘천에 가까이 갈수록
꿈처럼 행복했던 10년
가슴에 묻었던 마지막 면회
그날의 절망과 고통이
선연(鮮然)하게 차오른다

기차에서 내리는데
후들거리는 다리
임은 가고 없고
옛 모습도 가고 없는 춘천에
이방인(異邦人)으로 돌아왔구나

눕는 산(山)

계절 따라
산색(山色)을 뽐내더니
지친 산 말없이
구름에 기대 눕는다

수십 년 세월
든든한 버팀목이더니
지친 아버지 자주
소파에 기대 눕는다

겨울이 오기 전
마른 잎을 떨구듯
사랑은 이별에 앞서
조금씩 슬픔을 쌓는가

가슴으로 부른 이름

혼령을 품은 산(山)
길은 하늘로 이어져 있다
영혼을 기다리는 고목(枯木)은
수백 년째 의연한데
누운 채 핀 꽃들은
바람 아래 떨고 있구나

숨이 멎어버릴 가슴으로 올라
마주한 하늘못 천지(天池)
하늘이 내려앉은 호수
목 놓아 부르면
금방이라도 혼령이
뛰쳐나올 것만 같구나

본 적도 없고
한마디 말도 나누지 못한 사람
평생 잊기로 한 이름
왜 인제 와 여기서 그가 떠오르나
혼령이 된 그가 날 부르나
내가 그를 찾고 있나

왜 갓난 나와 엄마를 두고 떠났나요
수십 년 품었던 원망은 설움이 되고
설움은 그리움이 된다
사랑하는 사람들을 남겨두고
허망(虛妄)하게 가야 했던 사람
세상 가장 억울하고 불쌍한 사람

모든 것을 날려버릴 듯한
칼바람에 맞서
처음이자 마지막으로
천지(天地)가 진동하도록
가슴으로 부른 이름
아~버~지~
당신 탓이 아닙니다

아버지 집

새소리를 듣노라면
시간이 멈추고
계절이 바뀌면 세월은
또 한꺼번에 지나간다

삐걱대는 마루
울어대는 벽시계가
돌이킬 수 없는
세월이라고 일러주네

집을 보수(補修)해도
사라지지 않는 것은
아버지와의 얽히고설킨
시간의 기억이다

한가위 단상(斷想)

아버지!
한가위에 못 내려가요
아이들과 해외여행 갑니다

손주 본 게 언제였는지
반려견용 한복과 송편은
불티나게 팔린다는데
재래시장은 예전만 못하고
마을 민속놀이라고는
고작 척사(擲柶) 대회뿐이네
토란국 한 그릇
송편 한 접시 놓고 치른 차례
하루가 다르게 변하는
세태(世態)를 어쩌겠나

흐린 눈으로 보는 마당은
젖은 수묵화 한 점(點)
길 건너 앞집 대문이
보일 듯 말 듯 하네

시간 여행(時間 旅行)

150년 된
고택(古宅)의 하루

높다란 대문 너머
하얗게 사라지는 굴뚝 연기
왜 가슴이 찡할까
마음을 가지런히 하고
대청마루에 앉으니
뒷걸음치는 시간의 마법

햇살 받으며 줄지어 선 장독대
그 뒤로 장독 닦으시던 어머니
따끈한 솜이불 밑으로 손을 넣으면
아랫목 다투던 작은 형 생각
고향의 기다란 돌담길 달려 나가면
벚꽃 휘날리는 강변
벌써부터 나를 기다리던 찬란한 봄

처마 끝에 달린 풍경(風磬)
청아한 쇳소리
아쉽게 끝난 시간 여행

허풍(虛風)

어쩜 당신은
아이처럼 들떠 있군요
잘 놀다 오라고 했지만
혼자 남은 나
침묵(沈默)과 친해지고
반찬 가짓수는 줄어듭니다
기다리던 전화
반가움을 애써 숨기고
그럼! 잘 지내고 있고말고
큰소리치지만
끊고 나면 허(虛)합니다
빨리 좀 가라고 떠밀수록
더디 가는 시간
수십 년
가정을 지킨 당신
얼마만의 휴가(休暇)인데
즐겁게 놀다
건강하게 돌아오기만
빌어야겠지요

셋째 형

다섯 형제 중 가운데
마음고생도 많았을 터
고생하는 엄마 생각에
새 교복 사달란 말 못 하고

잔정이 많아
사탕 하나도 동생과 나누고
크고 작은 집안일이
자기 일이었던 사람

바쁜 통학길
앞서가는 장애 학생
앞지르지 못하고
옆 골목으로 돌아 뛴 형

사론의 수선화요
골짜기의 백합화
내 삶에 선한 영향을 준
아름다운 사람

6부

동시

1. 엄마랑 아기
2. 아기와 단풍
3. 왜 그런지
4. 늦은 이유
5. 감(枾)
6. 밤(栗)
7. 루이와의 이별
8. 따라쟁이
9. 수녀와 단풍
10. 독립 선언
11. 동시(童詩)의 샘

엄마랑 아기

엄마 손가락 잡고
밖에 나가면
깨금발 깡충깡충
신이 납니다

엄마랑 눈 맞추고
들여다보면
아기가 생긋방긋
웃고 있어요

엄마 품을 헤치고
얼굴 비비면
숨소리 새록새록
잠이 듭니다

아기와 단풍

단풍 구경 후
귀가하는 지하철
맞은편 아기
방시레 웃는다

손녀 생각에
미소 띤 얼굴로
눈에 담았던 단풍
건네주었네

왜 그런지

꽃을 보니 알겠어요
왜 가슴은 설레고
사랑은 아름다운지

하늘을 향한 염원
바다도 알 것 같아요
왜 온통 푸른색인지

엄마는 모르겠어요
왜 주기만 하는지
진짜 천사(天使)일까요

늦은 이유

할머니 손 잡고
어린이집 가는 아이
다리 아픈 할머니
걸음이 느리다

재촉하는 아이
할머니!
할머니 다리 아파서 늦었다고
선생님께 말해주세요

오늘 늦었네
선생님 말씀에
대답 대신
할머니 입만 보는 아이

감(柿)

할아버지!
저기 좀 보세요
노랑 감이 많이 달렸어요
그렇구나
감이 꽃처럼 폈구나

할아버지!
여기 좀 보세요
우리 아기 똥 같아요
떨어져 툭 터진 속살이
아기 응가 닮았네

참새도 자러가고
감꽃도 잠든 밤
곤한 아이
감 한 개 꼭 쥔 채
꿈나라로 간다

밤(栗)

툭 툭툭
떨어지는 알밤
지붕은 아프다지만
나는야 좋아

알밤 한 웅큼 줍고
이것은 내 거
알밤 두 웅큼 줍고
엄마 아빠 거

반 바구니 채우고
누나 생각
한 바구니 채우고
친구 생각

루이와의 이별

물 주고
모이 주고
이름 지어 주고
마음을 나눈 사이

아무 때나 우는 닭
이웃 주민 항의에
경비실에 맡기고
날마다 내려가 본다

어느 날 사라진 닭
상실감에 울던 아이
루이라 쓴 십자가
아파트 뒤에 꽂았다

따라쟁이

오빠 공부하면
얼른 곁에 와
저도 그림책 들추고

오빠 피아노 치면
발꿈치 들고
흰 건반 눌러댄다

오빠 유치원 갈 때
저도 간다고 떼쓰는 아기
오빠는 따라쟁이가 밉다

수녀와 단풍

단풍길 함박웃음
뉘시길래 돌아보니
네 분 수녀님
단풍 구경 오셨네

햇살 받은 단풍
한 번에 다 담으려나
사진 찍는 수녀님
주문이 많다

멈춰서 기다려주니
고맙습니다~
환하게 웃는 모습
온 산이 다 환하다

독립 선언

현관문 가리키며
보채는 아기
할머니 앞서가며
뒤뚱댑니다

할머니는 아기 손
잡으려 하고
아기는 뿌리치며
달아납니다

신바람 난 아기는
저만치 가고
걱정 많은 할머니
한숨 쉽니다

동시(童詩)의 샘

가끔 있는
손녀 돌보기

낮잠이라도 자면
그 틈에 쉬련만
잘 생각 하나 없이
끝없이 재잘대며
정신을 빼놓는 아이
이리저리 방방 뛸 땐
보는 것만으로도
체력이 바닥난다

마르지 않는 동시의 샘은
뜻밖의 소득